LE

DROIT CIVIL

RÉSUMÉ EN

TABLEAUX SYNOPTIQUES

PAR

A. WILHELM

RÉPÉTITEUR DE DROIT

MATIÈRES DE L'EXAMEN DE DEUXIÈME ANNÉE

5e ÉDITION, REVUE ET CORRIGÉE

PARIS

CHALLAMEL AINÉ, LIBRAIRE-ÉDITEUR

5, RUE JACOB, 5

Et chez tous les Libraires de Droit.

1885

LE

DROIT CIVIL

RÉSUMÉ EN

TABLEAUX SYNOPTIQUES

PAR

A. WILHELM

RÉPÉTITEUR DE DROIT

MATIÈRES DE L'EXAMEN DE DEUXIÈME ANNÉE

5e ÉDITION, REVUE ET CORRIGÉE

PARIS
CHALLAMEL AINÉ, LIBRAIRE-ÉDITEUR
5, RUE JACOB, 5
Et chez tous les Libraires de Droit.

1885

AVERTISSEMENT

Le bienveillant accueil fait au premier fascicule de ce petit ouvrage, ainsi qu'aux opuscules dans lesquels j'ai résumé les deux examens de Droit romain, m'encourage à publier le deuxième volume du Droit civil résumé en Tableaux synoptiques.

Cette brochure embrasse les matières du deuxième examen de baccalauréat, c'est-à-dire la partie du programme que les étudiants estiment comme la plus longue, sinon la plus difficile.

L'auteur espère que son travail viendra en aide à ceux des élèves qui voudront bien y avoir recours.

A. WILHELM,

RÉPÉTITEUR DE DROIT.

LIVRE TROISIÈME. — DES DIFFÉRENTES MANIÈRES DONT ON ACQUIERT LA PROPRIÉTÉ.

Dispositions générales (Art. 711 à 717).

- Choses
  - susceptibles d'appropriation,
    - la propriété s'acquiert
      - par succession *ab intestat*,
      - par donation entre vifs,
      - par testament,
      - par l'effet des contrats ou obligations,
      - par accession ou incorporation,
      - par prescription ;
    - appartiennent à l'État si elles sont sans maître et qu'il s'agisse d'immeubles ou de l'ensemble d'une succession définitivement vacante.
  - dont l'usage est commun à tous,
    - la propriété n'en appartient à personne ;
    - cet usage est réglé par des lois de police.
  - cachées et sans propriétaire (Trésor), appartiennent
    - intégralement à celui qui les découvre dans son fonds ;
    - pour moitié au propriétaire et à l'inventeur, si elles sont découvertes fortuitement par un tiers dans le fonds d'autrui.
  - perdues et non réclamées, sont
    - en droit, acquises par prescription trentenaire à l'inventeur ;
    - en fait, *utilitatis causâ*, acquises à l'inventeur après un dépôt d'une certaine durée entre les mains de l'autorité.

TITRE I. — Des Successions.

CHAPITRES I et II. — *Ouverture des Successions, Saisine et Capacité des héritiers* (ART. 718 à 730).

Les successions

- **s'ouvrent**
  - par la mort naturelle;
  - par la mort civile (abrogé — Loi du 31 mai 1854);
  - au lieu du dernier domicile du *de cujus*.
- **sont dévolues, s'il y a plusieurs co-mourants,**
  - à celui dont la survie peut être prouvée, ne fût-ce que par présomptions;
  - à défaut de preuves,
    - s'ils avaient moins de quinze ans, au plus âgé;
    - s'ils avaient plus de soixante ans, au plus jeune;
    - si l'un avait moins de quinze ans et l'autre plus de soixante, au plus jeune;
    - s'ils avaient plus de quinze ans et moins de soixante
      - au mâle, si la différence d'âge n'excède pas un an;
      - au plus jeune dans tous les autres cas.
- **sont dévolues**
  - en principe, aux héritiers légitimes
    - descendants, ascendants et collatéraux;
    - saisis de plein droit des biens, droits et actions du défunt;
  - subsidiairement, aux successeurs irréguliers
    - enfants naturels, conjoint survivant et l'État;
    - saisis de la jouissance des biens, droits et actions, mais qui doivent en demander l'exercice par voie judiciaire.
- **sont refusées**
  - aux incapables
    - individus morts ou non encore conçus lors de la succession,
    - enfants morts-nés,
    - enfants nés non-viables (la non-viabilité ne se présume pas),
    - individus morts civilement (abrogé — Loi du 31 mai 1854);
  - aux étrangers, sauf le cas de réciprocité diplomatique (abrogé — Loi du 14 juillet 1819).
  - aux indignes
    - individu condamné pour homicide volontaire du *de cujus* ou tentative de ce crime, fût-il déclaré excusable;
    - auteur d'une dénonciation capitale (1) jugée calomnieuse;
    - héritier majeur recélant sciemment le meurtre du *de cujus* (cette cause d'indignité n'est pas opposable aux parents en ligne directe du meurtrier, ni à son conjoint, ni à ses collatéraux au 3e degré, ni à ses alliés aux degrés précités);
    - les indignes sont tenus de rendre les biens et fruits par eux perçus indûment, sauf les compensations et confusions opérées de plein droit.
  - aux enfants de l'indigne, tant que leur père est vivant et qu'ils ne sont pas appelés de leur chef.

---

(1) C'est-à-dire pour crime faisant encourir la mort, les travaux forcés à perpétuité ou la déportation, puisque ces deux dernières peines entraînaient mort civile avant la Loi du 31 mai 1854.

CHAPITRE III. — *Des divers ordres de Successions* (ART. 731 à 755).

Les biens d'un défunt décédé intestat peuvent être déférés à deux ordres de successeurs : les héritiers légitimes et les successeurs irréguliers.

- **Héritiers légitimes (1)**
  - **1° Descendants**
    - excluant tous autres héritiers ;
    - partageant
      - sans distinction de biens, de sexe ni de primogéniture ;
      - par tête
        - s'ils sont au 1er degré,
        - s'ils sont appelés de leur chef (2) ;
      - par souche et par représentation (3) dans tous les autres cas.
  - **2° ascendants privilégiés (père et mère)**
    - exclus par les descendants ;
    - excluant dans leur ligne tous autres ascendants et les collatéraux non privilégiés ;
    - concourant avec les collatéraux privilégiés ;
    - ayant droit
      - à une moitié de la succession chacun, s'ils sont seuls,
      - à un quart, chacun, s'ils concourent avec des collatéraux privilégiés ;
    - si l'un des deux fait défaut, sa part est dévolue
      - aux collatéraux privilégiés ;
      - subsidiairement, aux ascendants de sa ligne;
      - ou
        - pour un tiers en usufruit au survivant ;
        - pour le reste aux parents de la ligne du défaillant.
  - **3° collatéraux privilégiés (frères, sœurs ou leurs descendants)**
    - exclus par les descendants ;
    - excluant tous collatéraux ou ascendants non privilégiés ;
    - concourant avec les ascendants privilégiés ;
    - ayant droit
      - s'ils sont seuls, à toute la succession ;
      - si les père et mère survivent, à la moitié ;
      - si l'un des deux survit seul, aux trois quarts ;
    - partageant
      - par tête, s'ils sont au 2e degré et de même lit ;
      - par souche, s'ils sont à un degré plus éloigné ;
      - en deux lignes, s'il sont de lit différent : ils prennent part, les consanguins dans la ligne paternelle, les utérins dans la ligne maternelle et les germains dans les deux lignes.
  - **4° ascendants non privilégiés (tous autres que le père et la mère)**
    - exclus par tous les précédents ;
    - excluant dans leur ligne les collatéraux non privilégiés ;
    - partageant la succession en deux portions dont chacune est attribuée au plus proche représentant de chaque ligne ;
    - partageant par tête, s'ils sont plusieurs au même degré dans chaque ligne.
  - **5° collatéraux non privilégiés (autres parents jusqu'au 12e degré)**
    - exclus
      - entièrement, par les descendants et collatéraux privilégiés ;
      - dans leur ligne seulement, par les ascendants ;
    - partageant la succession en deux portions dont chacune est attribuée au plus proche représentant de chaque ligne ;
    - partageant par tête, s'ils sont plusieurs au même degré dans une ligne.
- **Les ascendants donateurs ont en outre, un droit de retour successoral (4)**
  - dans la succession de leurs descendants donataires et sans postérité ;
  - portant
    - sur les biens par eux donnés et existant en nature dans la succession ;
    - sur le prix qui peut en être dû ;
    - sur l'action en reprise qui pourrait appartenir au donataire.

---

(1) Cet ordre ne comprend que des enfants légitimes ou légitimés avant l'ouverture de la succession.
(2) Par suite de renonciation ou d'indignité des descendants du premier degré.
(3) La représentation est une fiction bienveillante de la Loi établie en faveur des descendants du *de cujus* et de ceux de ses frères et sœurs pour leur permettre de concourir, du chef de leur auteur direct, avec des héritiers plus proches qu'eux en degré.
(4) S'il existe un enfant naturel, le droit de retour de l'ascendant ne peut être exercé que pour moitié. (Art. 747 et 757 combinés.) Comparez avec le droit de retour de l'adoptant. (Matières de l'examen de 1re année, page 21.)

CHAPITRE IV. — *Des Successeurs irréguliers* (Art. 756 à 773).

Successeurs irréguliers

- **Enfants naturels (5)**
  - reconnus volontairement ou judiciairement ;
  - pouvant être représentés par leurs descendants légitimes ;
  - excluant le conjoint survivant et l'Etat ;
  - concourant avec tous les héritiers légitimes ;
  - ayant droit
    - s'il y a des descendants, au tiers
    - s'il y a des ascendants ou des collatéraux privilégiés, à la moitié
    - s'il y a des collatéraux non privilégiés, aux trois quarts
    - (pour ces trois cas :) de la part qu'ils auraient s'ils étaient légitimes ;
    - à la totalité de la succession, à défaut de parents connus ;
  - astreints à imputer sur leur part, sans pouvoir être dispensés de cette obligation, tout ce qui est sujet à rapport ;
  - les parts ci-dessus peuvent être réduites de moitié par une donation faite, de leur vivant, par le père ou la mère avec déclaration expresse de cette limitation.

    Nota. — L'enfant adultérin ou incestueux (1) ne succède pas à ses auteurs ; il a droit à des aliments, à moins que son père ou sa mère ne lui en ait assuré de son vivant ou ne lui ait fait apprendre un art mécanique, quel que soit le peu de profit qu'il en ait retiré.
  - leur succession, s'ils meurent sans postérité légitime, est dévolue
    - à leurs enfants naturels,
    - à leur père et mère,
    - à leurs frères et sœurs naturels (2).
- **conjoint survivant**
  - exclu par tout successible ;
  - n'excluant que l'État ;
  - astreint
    - à faire emploi du mobilier, ou à donner caution (3) ;
    - à restituer le capital s'il se présente un héritier dans les 30 ans.
- **l'État**
  - représenté par l'administration des domaines ;
  - appelé à recueillir toute succession en déshérence ;
  - dispensé de donner caution, parce qu'il est supposé solvable.
- **formalités préalables qu'ils doivent remplir :**
  - apposition de scellés et inventaire régulier ;
  - demande d'envoi en possession au tribunal du lieu d'ouverture de la succession ;
  - trois publications et affiches ;
  - l'inobservation de ces formalités les fait réputer possesseurs de mauvaise foi à l'égard de l'héritier qui se présenterait.
  - l'enfant naturel n'est astreint à ces formalités que s'il est seul successeur (4).

---

(1) Bien que la filiation adultérine ou incestueuse ne puisse pas être directement établie, elle peut être indirectement prouvée, par suite d'une décision judiciaire, notamment d'une action en désaveu, d'une poursuite pour bigamie, adultère, etc.

(2) Dans ce dernier cas, les frères et sœurs légitimes de l'enfant naturel exercent dans sa succession, sur les choses provenant de l'auteur commun, un droit de retour analogue à celui des ascendants.

(3) La caution est déchargée au bout de 3 ans ; dans tous les cas, le conjoint envoyé en possession garde les fruits.

(4) S'il concourt avec des héritiers légitimes, il est soumis aux mêmes règles que ces derniers auxquels il doit demander l'envoi en possession ; sauf, en cas de contestation, à faire reconnaître ses prétentions par la justice.

(5) Il convient de rappeler que, si l'enfant naturel n'a été reconnu qu'au cours du mariage, cette reconnaissance ne peut nuire à l'autre époux, ni aux enfants légitimes, tant qu'ils survivent ; l'enfant naturel est donc, dans ce cas, exclu de la succession du père ou de la mère qui l'a reconnu (art. 337).

CHAPITRE V. — *De l'Acceptation et de la Répudiation des Successions* (ART. 774 à 814).

Une succession peut être
- acceptée
  - purement et simplement ;
  - sous bénéfice d'inventaire ;
- répudiée
  - par celui à qui elle est échue (1) ;
  - par ses héritiers, s'il est mort avant de l'avoir acceptée ou répudiée.

L'héritier doit
- faire inventaire dans les trois mois ;
- prendre parti dans les 40 jours qui suivent la clôture de l'inventaire (2).

La renonciation
- ne peut être qu'expresse et faite au greffe du tribunal de 1re instance du lieu d'ouverture de la succession ;
- anéantit les effets de la saisine de l'héritier ;
- laisse accroître la part du renonçant à ses cohéritiers ;
- si le renonçant était seul héritier, entraîne dévolution au degré subséquent ;
- ne donne jamais ouverture à la représentation du renonçant ;
- peut être annulée au regard des créanciers seulement, sur la réquisition de ces derniers ;
- ne peut être faite avant l'ouverture de la succession ;
- est interdite à l'héritier qui a diverti ou recelé des effets de la succession.

L'acceptation pure et simple
- n'est obligatoire pour aucun héritier ;
- ne peut être faite au nom des mineurs ni des interdits ;
- éteint le droit de renonciation qu'avait l'héritier jouissant de la saisine ;
- est
  - expresse lorsqu'elle résulte d'un écrit authentique ou privé ;
  - tacite
    - lorsqu'elle résulte implicitement des actes de l'héritier,
    - lorsque l'héritier
      - donne, vend ou transporte ses droits successifs,
      - renonce, même gratuitement, à sa part au profit d'un de ses cohéritiers,
      - renonce, à prix d'argent, au profit de tous ses cohéritiers.
- est irrévocable, à moins que
  - elle ne soit le résultat d'un dol ;
  - plus de la moitié de la succession ne soit absorbée par suite de la découverte d'un testament inconnu jusque-là.

L'acceptation bénéficiaire
- est faite au greffe du tribunal de 1re inst. du lieu d'ouverture de la succession ;
- est interdite à l'héritier
  - après 30 ans à dater de l'ouverture de la succession ;
  - dès qu'il a accepté expressément ou tacitement ;
  - dès qu'il a été condamné en qualité d'héritier pur et simple.
- oblige l'héritier
  - à peine de nullité, à faire inventaire dans les trois mois ;
  - à administrer les biens de la succession ;
  - à rendre compte de sa gestion ;
  - à déléguer le prix des immeubles aux créanciers hypothécaires inscrits ;
  - à payer les créanciers opposants dans l'ordre réglé par le juge ;
  - s'il n'y a pas d'opposition, à payer les créanciers à mesure qu'ils se présentent.
- donne à l'héritier le droit
  - de vendre avec l'autorisation de justice, les meubles sujets à dépérissement ;
  - de pouvoir exiger le paiement des créances qu'il a contre la succession ;
  - de n'être responsable des dettes que jusqu'à concurrence des sommes recueillies.

Une succession vacante
- est celle que personne ne réclame à l'expiration des délais de 3 mois et 40 jours, et qui n'a aucun héritier connu et acceptant ;
- est administrée par un curateur qui a les pouvoirs d'un héritier bénéficiaire ;
- est liquidée par le curateur qui dépose les deniers à la Caisse des dépôts et consignations.

---

(1) L'héritier peut revenir sur sa renonciation tant qu'il ne s'est pas écoulé trente ans, à moins que la succession n'ait été acceptée par d'autres héritiers.

(2) Avant l'expiration des délais pour faire inventaire et délibérer, l'héritier peut repousser par une exception dilatoire l'action des créanciers (art. 174 du Code de Pr. civ.) ; s'il renonce en temps opportun, les frais légitimes sont à la charge de la succession.

CHAPITRE VI. — *Du Partage et des Rapports* (ART. 815 à 892).

Le partage
- est de droit et ne peut être retardé, en vertu d'une convention, pendant plus de cinq années; cette convention peut être renouvelée.
- peut être provoqué,
  - tant qu'il n'y a pas prescription en faveur d'un des cohéritiers;
  - pour les mineurs et interdits, par leurs tuteurs dûment autorisés;
  - pour les absents, par les parents envoyés en possession (1);
  - pour la femme,
    - par le mari seul, pour tout ce qui tombe dans la communauté;
    - par le mari, avec le concours de sa femme, pour tous autres biens.
- peut être fait sans apposition de scellés et par tout acte si tous les cohéritiers sont présents et majeurs;
- doit être fait judiciairement, s'il y a des absents ou des mineurs; autrement il n'est que provisionnel;
- rentre dans la juridiction du tribunal du lieu d'ouverture de la succession (2);
- est réglé par le tribunal comme en matière sommaire.

formes du partage judiciaire
- apposition du scellé à la requête
  - des héritiers,
  - du ministère public,
  - des créanciers munis d'un titre exécutoire ou d'une permission du juge.
- opposition des créanciers, quelle que soit la nature de leur créance,
- levée du scellé et confection de l'inventaire (Code de Procédure, art. 926 et suivants);
- estimation des immeubles par experts nommés par les parties ou d'office;
- estimation des meubles, si elle n'a pas eu lieu lors de l'inventaire;
- vente des meubles, s'il y a lieu, pour l'acquittement des dettes;
- licitation (vente judiciaire) des immeubles non commodément partageables;
- renvoi devant un notaire choisi par les parties ou nommé d'office;
- rapport des dons en nature ou en moins prenant (voir au tableau suivant);
- formation des lots en nombre égal aux cohéritiers ou aux souches copartageantes;
- tirage au sort des lots;
- remise des titres particuliers aux intéressés et des titres communs à toute l'hérédité à un héritier choisi par les parties ou désigné par le juge.

On nomme retrait successoral le droit qu'a tout héritier d'écarter du partage, en remboursant le prix de la cession, une personne non successible qui s'y présenterait comme cessionnaire à titre onéreux.

---

(1) Pourvu que la succession ait été ouverte avant la déclaration d'absence; dans le cas contraire, l'art. 135 s'oppose à ce que les parents envoyés en possession fassent valoir les droits de l'absent.

(2) Dernier domicile du *de cujus*. (Voir aux matières de l'examen de première année, page 12.)

Du Partage et des Rapports (Suite).

Le rapport

- **est dû**
  - par tout donataire à la succession du donateur (1) ;
  - par le fils du donataire venant, *par représentation de ce dernier*, à la succession du donateur ;
  - pour tout don fait sans dispense expresse de rapport (2) ;
  - pour toute partie de donation faite hors part, mais excédant la quotité disponible ;
  - pour toute somme employée à l'établissement d'un cohéritier ou au paiement de ses dettes ;
- **n'est pas dû**
  - par l'héritier qui a renoncé, pourvu que la donation n'excède pas la quotité disponible ;
  - par le père du donataire venant à la succession du donateur ;
  - par le fils du donataire venant, de son propre chef, à la succession du donateur ;
  - par l'époux du donataire venant à la succession du donateur (3) ;
  - pour toute donation faite hors part et dans les limites de la quotité disponible ;
  - pour les frais de nourriture, d'entretien, d'éducation, d'équipement, de noces, etc. ;
  - pour les profits et association faits sans fraude avec le défunt ;
  - pour l'immeuble qui a péri par cas fortuit ;
  - aux légataires ni aux créanciers de la succession ;
- **a lieu (4)**
  - **en nature**
    - avec extinction de toutes charges et hypothèques provenant du chef du donataire ; sauf le droit qu'ont les créanciers hypothécaires d'intervenir au partage ;
    - pour les immeubles non aliénés et n'ayant point de similaires dans la succession ;
    - pour la portion des immeubles excédant la quotité disponible et sur lesquels un retranchement peut être opéré ;
    - pour la totalité des mêmes immeubles, si un retranchement est impossible et que la portion sujette à rapport excède la moitié de la valeur de l'immeuble ;
  - **en moins prenant**
    - pour les immeubles aliénés (la valeur est calculée au moment de l'ouverture de la succession) ;
    - pour les immeubles excédant la quotité disponible de moins de moitié ;
    - pour le mobilier, d'après l'estimation faite dans l'acte de donation ou lors du rapport ;
    - pour l'argent monnayé qui peut être suppléé par du mobilier.

---

(1) Aux termes de l'art. 1573 le rapport de la dot n'est pas exigible d'une femme si son mari était insolvable et sans profession lors de la constitution de dot.

(2) Un legs fait sans clause de préciput à un héritier est rapporté par lui, en ce sens qu'il ne peut en exiger la délivrance.

(3) Si la donation a été faite conjointement à deux époux dont un seul est le successible du donateur, il n'est tenu de rapporter que la moitié de la donation.

(4) Dans tous les cas il est tenu compte au cohéritier qui rapporte des impenses utiles et des améliorations, et il doit compte des détériorations provenant de son fait.

Du Partage et des Rapports (Suite).

Les dettes

- sont supportées
  - par les successeurs,
  - par les légataires universels,
  - proportionnellement à leur part héréditaire ;
- sont payées intégralement par les détenteurs d'immeubles hypothécaires, sauf leur recours proportionnel contre chacun des cohéritiers ;
- ne sont acquittées par les légataires particuliers qu'à titre hypothécaire et sauf leur recours ;
- sont réparties, en cas d'insolvabilité d'un héritier ou d'un légataire, entre les cohéritiers solvables.

Les créanciers du défunt ont le droit

- de poursuivre l'héritier personnellement, en vertu de titres exécutoires contre le défunt, moyennant une signification faite huit jours à l'avance ;
- de demander la séparation des patrimoines contre tout créancier de l'héritier,
  - à moins qu'ils n'aient accepté l'héritier pour débiteur,
  - pour les meubles, pendant trois ans ;
  - pour les immeubles, tant qu'ils sont dans les mains de l'héritier.

Les créanciers de l'héritier

- peuvent accepter la succession à leurs risques et périls ;
- peuvent intervenir au partage pour la conservation de leurs droits ;
- ne peuvent demander la séparation des patrimoines contre les créanciers de la succession.

Le partage produit deux effets :

- il est déclaratif de propriété et délimite rétroactivement pour chaque cohéritier les effets de la saisine ;
- il rend les copartageants respectivement garants de toute éviction procédant d'une cause antérieure au partage.
- cette garantie n'a pas lieu dans trois cas :
  - si l'éviction soufferte a été exceptée expressément lors du partage ;
  - si le cohéritier a été évincé par sa faute ;
  - en matière de rente, après cinq ans (1).

Le partage peut être rescindé

- pour violence
- pour dol ;
- pour lésion de plus du quart, calculée d'après la valeur des objets au moment du partage ;
- à moins que, dans ce dernier cas, le défendeur n'offre le complément de la part.

L'action en rescision

- est admise contre tout acte mettant fin à l'indivision des cohéritiers, quelle que soit sa qualification ;
- n'est pas admise
  - contre la transaction faite sur les difficultés de l'acte de partage ;
  - contre une vente de droits successifs faite à un cohéritier ;
  - pour dol ou violence, de la part du cohéritier qui a aliéné son lot après la découverte du dol ou la cessation de la violence ;
  - par suite de la découverte de nouveaux biens — il y a, dans ce cas, un supplément à l'acte de partage ;
  - après dix ans à dater de la découverte de la lésion ou du dol et de la cessation de la violence.

---

(1) Si l'insolvabilité est postérieure au partage, il n'y a pas lieu à garantie.

TITRE II. — Des Donations entre vifs et des Testaments (1).

CHAPITRES I et II. — *Dispositions générales.* — *Capacité* (Art. 893 à 912).

Les dispositions à titre gratuit sont de deux sortes :

- **donation entre-vifs**
  - contrat exigeant le concours de deux volontés ;
  - comportant de la part du donateur un dépouillement
    - actuel, quoiqu'il puisse être fait à terme ou sous condition ;
    - irrévocable (2), c'est-à-dire exclusif d'une condition potestative (art. 944).
- **testament**
  - acte émanant d'une seule volonté,
  - dont l'effet est renvoyé jusqu'à la mort du testateur,
  - toujours révocable ;
- à la différence des contrats à titre onéreux, toute condition immorale ou illicite y est réputée non écrite.

Sont incapables

- **de disposer :**
  - ceux qui ne sont pas sains d'esprit (dérogation à l'art. 504);
  - les mineurs âgés de moins de seize ans (3);
  - ceux qui sont en état d'interdiction légale par suite de condamnation (C. P. art. 29);
  - les incapables de la Loi du 31 mai 1854;
  - les interdits;
  - les individus admis dans une maison d'aliénés (Loi du 30 juin 1838).
- **de donner, mais non de tester :**
  - les mineurs âgés de seize ans révolus. Ils peuvent disposer par testament de la moitié de la portion de biens disponibles pour un majeur;
  - les majeurs pourvus d'un conseil judiciaire — les articles 499 et 513 ne leur refusent pas le droit de tester;
  - les femmes mariées. — Le consentement de leur mari les relève de cette incapacité ; autorisée par la justice, la femme ne peut donner que la nue-propriété des biens dont son mari a la jouissance — elle peut toujours tester.
- **de tester mais non de donner**
  - les mineurs âgés de moins de seize ans qui, avec le concours de ceux dont le consentement est requis pour la validité du mariage, peuvent faire toutes donations par contrat de mariage.

Sont incapables

- **de recevoir**
  - ceux qui ne sont pas conçus au moment de la donation ou du décès du testateur ;
  - ceux qui sont condamnés à une peine afflictive perpétuelle (Loi du 31 mai 1854) ;
  - les hospices, établissements ecclésiastiques et personnes de main-morte dont l'acceptation n'a d'effet qu'autant qu'elle est autorisée par le conseil d'État ;
  - les étrangers par application de la réciprocité diplomatique (disposition abrogée par la Loi du 14 juillet 1819).
- **de recevoir (4)**
  - de leur pupille devenu majeur, le tuteur dont le compte n'a pas été apuré ;
  - de leurs père et mère
    - les enfants naturels au delà de la portion déterminée aux articles 757 et suivants;
    - les enfants adultérins ou incestueux au delà de ce qui leur est dû pour aliments.
  - des malades
    - les médecins qui les ont traités pendant la maladie dont ils meurent (applicable à tous les individus exerçant ou prétendant exercer l'art de guérir).
    - les ministres du culte qui leur ont apporté les secours de la religion;
    - cette incapacité ne s'étend pas aux dispositions rémunératoires ou à titre particulier, ni aux parents jusqu'au 4e degré, si le défunt n'a point d'héritiers en ligne directe appelés à lui succéder.
    - V., p. 16, une incapacité spéciale aux testaments maritimes.

---

(1) Voir ci-dessous (page 18) la matière des substitutions.
(2) Cette prescription n'est pas applicable aux donations faites en faveur du mariage, non plus qu'au cas de révocation pour inexécution des charges ou ingratitude. (Articles 953 et suivants.)
(3) L'incapacité résultant de l'âge entraîne la nullité de l'acte qui ne peut devenir valable par la suite.
(4) Cette incapacité de recevoir a pour corrélatif une incapacité de disposer chez les donateurs et testateurs.

Capacité (Suite).

Sont nulles les dispositions faites au profit des incapables,
- sous forme de contrat à titre onéreux;
- sous le nom de personnes interposées
  - père et mère, enfants et descendants, époux } de l'incapable;
  - toute personne dont l'interposition peut être établie.

La capacité doit exister
- chez le testateur
  - à l'époque de la confection du testament, en droit et en fait,
  - à l'époque de la mort du testateur, en droit seulement;
- chez l'héritier
  - au décès du testateur, si la disposition est pure et simple ou à terme,
  - au décès du testateur et à l'arrivée de la condition, en cas de legs conditionnel;
- chez le donateur
  - au moment de l'offre,
  - à celui de l'acceptation,
  - à celui de la notification;
- chez le donataire
  - au moment de l'offre,
  - à celui de l'acceptation.

CHAPITRE III. — *Quotité disponible et Réduction* (Art. 913 à 930).

Un testateur ou donateur peut disposer
- soit au profit d'un étranger, soit avec clause expresse de préciput en faveur d'un de ses successibles;
- de la moitié de ses biens, s'il laisse un enfant (1) qui soit son héritier;
- du tiers s'il en laisse deux;
- du quart, s'il en laisse trois ou plus;
- de la moitié s'il laisse des ascendants dans les deux lignes paternelle et maternelle;
- des trois quarts, s'il laisse des ascendants dans une seule ligne (2);
- de la totalité à défaut de parents en ligne directe, héritiers.
- (Les héritiers réservataires ont le choix d'exécuter une disposition d'usufruit ou de rente viagère excédant la quotité disponible ou d'abandonner la propriété de cette quotité. Les aliénations à fonds perdus ou avec réserve d'usufruit, faites à un successible en ligne directe sont considérées comme libéralités et sujettes à rapport ou à réduction).

La réduction des dispositions à titre gratuit
- peut être demandée par les héritiers réservataires seuls;
- ne profite ni aux donataires, ni aux légataires, ni aux créanciers;
- se calcule au moment du décès du testateur;
- a lieu en commençant par les legs universels et particuliers qui, sauf le cas de préciput, sont réduits entre eux au marc le franc;
- porte subsidiairement sur les donations, en commençant par les plus récentes;
- entraîne restitution des fruits
  - à compter du décès, si l'action est intentée dans l'année,
  - à compter de la demande, au delà de ce délai;
- fait rentrer les immeubles francs de toutes charges et hypothèques;
- peut être poursuivie, en cas d'insolvabilité du donataire, contre les tiers acquéreurs dans l'ordre des aliénations;
- n'est exercée contre le donataire successible que déduction faite de la part de réserve qui lui revient, si les biens sont de même nature.

---

(1) Les descendants comptent pour l'enfant qu'ils représentent; les enfants naturels exercent comme réservataires les droits partiels que leur confère l'article 757.

(2) La réserve des ascendants peut, en faveur d'un conjoint, être réduite à un simple usufruit (art. 1094).

CHAPITRE IV. — *Des Donations entre vifs* (Art. 931 à 966).

- **Forme des donations**
  - contrat notarié, avec présence effective des deux notaires (Loi du 21 juin 1843).
  - Acceptation expresse
    - dans l'acte emportant donation ;
    - ou dans un acte postérieur et authentique qui est notifié au donateur ;
    - par le donataire majeur ou par son fondé de pouvoir authentique ;
    - par la femme mariée autorisée de son mari ou de justice ;
    - par le mineur émancipé, avec le consentement de son curateur ;
    - pour le mineur non émancipé, pour l'interdit, par leur tuteur ;
    - pour le sourd-muet ne sachant écrire, par un curateur *ad hoc* ;
    - pour les mineurs en général, par tous ascendants ;
    - pour les hospices et établissements, par les administrateurs dûment autorisés.
  - s'il s'agit d'immeubles, transcription hypothécaire
    - de l'acte de donation ;
    - de l'acceptation ;
    - de la notification de l'acceptation, s'il y a lieu ;
    - à la requête
      - de ceux qui ont qualité pour accepter,
      - de la femme sans autorisation ;
    - dont l'absence ne peut être opposée par le donateur, ni par ceux qui devaient l'accomplir.
  - s'il s'agit de meubles meublants, état estimatif signé des parties.
- **Les donations**
  - ne peuvent s'étendre aux biens à venir, sauf en matière de mariage ;
  - ne peuvent être faites avec clause de payer des dettes à venir ou non limitativement énumérées.
  - peuvent être faites
    - avec réserve d'usufruit ;
    - avec clause de retour au profit du donateur seul, en vue du prédécès du donataire ou de ses descendants.
- **Les donations sont révocables**
  - pour inexécution des charges (1), révocation opposable au tiers ;
  - pour ingratitude (1) :
    - attentat par le donataire à la vie du donateur :
    - sévices, délits ou injures graves envers lui ;
    - refus d'aliments ;
    - l'action doit être intentée dans l'année du délit ;
    - elle ne réagit pas contre les tiers ni contre les héritiers ;
    - cette cause de révocation n'est pas applicable aux donations faites en faveur du mariage par des tiers.
  - pour survenance d'enfant (2)
    - légitime, même posthume, fût-il conçu lors de la donation ;
    - naturel, né après la donation et légitimé par mariage subséquent ;
    - révocation
      - inapplicable aux donations par contrat de mariage, entre époux, ou faites aux époux par les ascendants,
      - définitive même si l'enfant ne survit pas,
      - ayant pour effet le retour des biens francs et quittes de toutes charges,
      - applicable nonobstant renonciation,
      - prescrite par 30 ans à compter de la naissance de l'enfant.

---

(1) Cette révocation ne peut avoir lieu de plein droit.

(2) Cette cause de révocation n'est applicable que si le donateur n'avait ni enfant, ni descendant vivant au jour de la donation.

CHAPITRE V. — *Des Dispositions testamentaires* (ART. 967 à 1047).

- **Formes des testaments**
  - **olographe**
    - écrit en entier, daté et signé de la main du testateur ;
    - présenté, avant d'être mis à exécution et après la mort du testateur, au président du tribunal de 1re instance qui l'ouvre, en dresse procès-verbal et ordonne le dépôt chez un notaire.
  - **par acte public**
    - reçu
      - par deux notaires dont l'un écrit sous la dictée du testateur,
      - en présence de deux témoins mâles majeurs ;
    - ou reçu
      - par un notaire qui écrit sous la dictée du testateur,
      - en présence de quatre témoins ;
    - signé
      - du testateur,
      - des témoins,
      - dans les campagnes, de la moitié des témoins ;
    - lu au testateur en présence des témoins.
  - **mystique (1)**
    - interdit à ceux qui ne savent ou ne peuvent lire ;
    - écrit par le testateur ou par un autre ;
    - signé par le testateur ;
    - clos et scellé ;
    - présenté au notaire et à six témoins avec déclaration que ce pli renferme le testament ;
    - acte est dressé de ces formalités sur l'enveloppe qui est signée par le testateur, le notaire et les témoins ;
    - si le testateur ne peut plus signer l'acte de suscription, bien qu'ayant signé le testament lui-même, il est fait mention de la cause ;
    - si le testateur ne sait ou ne peut signer le testament lui-même, on appelle un septième témoin ; il est fait mention de la cause de sa présence ;
    - si le testateur ne peut parler, il doit écrire lui-même le testament et la déclaration que le pli contient son testament ;
    - ouvert dans les formes du testament olographe et en présence des notaires et témoins présents sur les lieux.
  - **les témoins**
    - doivent être mâles, majeurs, français, jouissant des droits civils,
    - ne peuvent être pris parmi les légataires et leurs parents ou alliés au 4e degré inclus, ni parmi les clercs des notaires instrumentant.
- **Testaments spéciaux (3)**
  - **militaires (2)**
    - reçus
      - par un officier supérieur et deux témoins ;
      - par deux sous-intendants militaires ;
      - par un sous-intendant militaire et deux témoins ;
      - en cas de maladie ou blessure, par le médecin en chef assisté du commandant militaire chargé de la police de l'hospice.
    - applicables
      - à ceux qui font partie d'une expédition militaire ;
      - à ceux qui tiennent garnison hors de France ;
      - aux militaires prisonniers chez l'ennemi ;
      - à tous individus enfermés dans une place assiégée.
  - **épidémie (2)**
    - reçus par le juge de paix ou l'un des officiers municipaux de la commune en présence de deux témoins ;
    - applicables
      - aux malades,
      - à ceux qui habitent le pays privé de communication par suite d'épidémie.
  - **maritimes**
    - reçus en mer
      - à bord des bâtiments de l'État, par le commandant ou son second, assisté de l'officier d'administration et de deux témoins,
      - sur les navires de commerce, par l'écrivain du bord assisté du capitaine, maître ou patron, et de deux témoins ;
    - faits en double et adressés par l'intermédiaire d'un consul ou du commissaire de l'inscription maritime au ministre de la marine qui en fait faire le dépôt au greffe de la justice de paix du dernier domicile du testateur ;
    - mention de ces formalités est portée au rôle d'équipage ;
    - valable pendant le voyage et les trois mois qui suivent le débarquement ;
    - ne peut contenir aucune disposition au profit des officiers du bord, à moins qu'ils ne soient parents du testateur.
  - **à l'étranger**
    - peuvent être olographes, ou reçus par acte public en la forme du pays ;
    - sont valablement faits devant le chancelier du consulat assisté de deux témoins (Ordonnance de 1681 sur la marine) ;
    - doivent être enregistrés au bureau du dernier domicile du testateur et a celui de la situation des immeubles.

---

(1) Le testament mystique, nul comme tel, peut valoir, suivant l'opinion commune, comme testament olographe, s'il est d'ailleurs écrit en entier, daté et signé par le testateur.
(2) Ces testaments conservent leur force six mois après le rétablissement de l'état normal.
(3) Les testaments militaires, maritimes et faits en temps d'épidémie, doivent être signés par les comparants et l'un des deux témoins.

Des Dispositions testamentaires (Suite).

- **Diverses dispositions testamentaires**
  - **legs universel**
    - comprenant toute la succession d'un testateur ;
    - obligeant le légataire à demander la délivrance des biens aux héritiers réservataires qui ont seuls la saisine ;
    - donnant la saisine au légataire, s'il n'y a pas d'héritiers à réserve ;
    - donnant droit aux fruits à compter du décès du testateur, si la demande en délivrance est formée dans l'année de l'ouverture de la succession ;
    - si le testament est olographe ou mystique, obligeant le légataire à se faire envoyer en possession par ordonnance.
    - obligeant le légataire
      - à acquitter tous les legs, sauf le cas de réduction proportionnelle (articles 926 et 927),
      - à acquitter toutes les dettes de la succession, s'il n'y a pas d'héritiers à réserve,
      - à payer sa part des dettes dans le cas contraire, sauf à faire l'avance intégrale des dettes hypothécaires afférentes aux immeubles dont il est légataire ;
    - donnant au légataire une vocation à la totalité de la succession en cas de défaillance de ses co-légataires.
  - **legs à titre universel**
    - comprenant une quote-part des biens du testateur ;
    - obligeant le légataire à demander la délivrance des biens, soit aux héritiers à réserve, soit au légataire universel, soit aux héritiers *ab intestat ;*
    - donnant droit aux fruits dans les mêmes conditions que le legs universel ;
    - obligeant le légataire à l'acquittement des dettes comme le légataire universel ;
    - obligeant le légataire à l'acquittement des legs, intégralement s'il absorbe la quotité disponible, concurremment avec les héritiers dans le cas contraire ;
    - donnant au légataire une vocation à la totalité des biens en cas de défaillance de ses co-légataires.
  - **legs particuliers**
    - comprenant un ou plusieurs biens déterminés ;
    - obligeant le légataire à demander la délivrance aux héritiers ou aux légataires universels ;
    - ne donnant droit aux fruits qu'à compter de la demande ou de la délivrance volontaire, sauf le cas de clause contraire ou de legs d'une rente viagère à titre d'aliments ;
    - acquittés par les héritiers ou légataires universels sans contribution aux dettes ;
    - comprenant
      - la chose léguée en l'état où elle se trouve,
      - les accessoires nécessaires qu'elle comporte ;
      - non pas les acquisitions contiguës à un immeuble légué ;
    - donnant un droit d'accroissement seulement entre légataires conjoints ;
    - inapplicables à la chose d'autrui ;
    - les frais de délivrance sont à la charge de la succession, ceux d'enregistrement à la charge du légataire.
  - **exécuteurs testamentaires**
    - mandataires gratuits chargés d'assurer l'effet du testament et la délivrance des legs ;
    - saisis du mobilier pendant un an si le testateur l'ordonne ;
    - devant être capables de s'obliger ;
    - comptables de leur gestion au bout d'une année au plus ;
    - obligés à remplir les formalités de scellés, d'inventaires, etc.
    - les frais sont à la charge de la succession.
- **Les dispositions testamentaires sont :**
  - **révoquées**
    - pour inexécution des charges ;
    - pour attentat à la vie du testateur, sévices, délits ou injures graves ;
    - injure grave à la mémoire du testateur, pourvu que la révocation soit demandée dans l'année de la découverte par les héritiers ;
    - définitivement par un testament postérieur exprès ;
    - en tout ce qui n'est pas conciliable, si le testament postérieur ne contient pas révocation expresse ;
    - partiellement, en cas d'aliénation par le testateur de la chose léguée.
  - **caduques**
    - par le prédécès du légataire ;
    - par la perte fortuite de la chose léguée (1);
    - par la répudiation du légataire.

(1) Ce résultat a lieu, même si l'héritier est en retard, pourvu que la chose ait dû périr également chez le légataire.

Des Substitutions prohibées ou permises (Art. 896 à 899 et 1048 à 1074).

- **Substitutions**
  - permises
    - à toute personne (1) — disposition subsidiaire par laquelle un tiers est appelé à recueillir un legs ou une donation au cas où le bénéficiaire principal viendrait à défaillir ;
    - aux titulaires de majorat (2)
    - aux pères et mères en faveur de leurs petits-enfants,
    - aux frères et sœurs en faveur de leurs neveux et nièces,
  - défendues et nulles de droit de la part de toute autre personne ;
  - (disposition par laquelle le bénéficiaire est chargé de rendre à un tiers ce qu'il a reçu à titre gratuit.)

- **Substitutions permises entre parents**
  - ont pour essence
    - une restitution faite par le grevé de tous les biens qu'il a reçus,
    - la dévolution de ces biens francs et quittes de toute charge du chef du grevé,
    - la dévolution indistincte à tous les enfants du grevé, ou à leurs descendants par représentation ;
  - ouvrent les droits des appelés dès que cesse la jouissance des grevés ;
  - l'abandon volontaire consenti par le grevé ne peut nuire à ses créanciers antérieurs ;
  - les biens sujets à restitution échappent à l'action en reprise de la femme ;
  - ce recours ne peut avoir lieu que si l'acte de concession l'autorise et pour le capital des biens dotaux seulement.
  - formalités d'exécution
    - nomination d'un tuteur
      - par le disposant, s'il le juge à propos ;
      - à la diligence du grevé, dans le mois du décès (3).
    - confection d'un inventaire avec prisée des meubles à la requête
      - du grevé, dans les trois mois ;
      - du tuteur, dans le mois suivant ;
      - subsidiairement, des appelés ou de leurs représentants légaux ;
      - du ministère public agissant d'office.
    - vente publique des meubles à l'exception
      - de ceux dont la conservation a été autorisée par le disposant et qui sont restitués tels que en nature ;
      - des bestiaux et ustensiles aratoires dont la valeur est remboursée lors de la restitution.
    - emploi en immeubles ou valeurs hypothécaires
      - des deniers reçus ou provenant de la vente des meubles ;
      - dans les six mois de la clôture de l'inventaire ;
      - des sommes reçues ultérieurement en paiement, dans les trois mois du remboursement.
    - transcription
      - à la diligence du grevé ou du tuteur ;
      - dont l'inexécution est opposable aux incapables, même par les tiers ayant connaissance de la substitution ;
      - dont l'inexécution ne peut être opposée par les ayants-cause du disposant ;
      - dont le tuteur est responsable personnellement.

---

(1) La disposition par laquelle un testateur donne à l'un l'usufruit, à l'autre la nue-propriété de ses biens, valable aux termes de l'article 899, ne constitue pas une substitution à proprement parler.

(2) Espèce de substitution autorisée par Décrets des 30 mars et 14 août 1806 et dont l'effet a été restreint à deux générations et abrogé pour l'avenir par la Loi du 12 mai 1835.

(3) L'inexécution de cette obligation peut donner ouverture immédiate aux droits des appelés.

CHAPITRE VII. — *Des Partages d'ascendants* (Art. 1075 à 1080).

Partages d'ascendants
- faits par les père et mère et ascendants entre leurs descendants;
- faits par actes entre vifs ou testamentaires;
- applicables aux seuls biens présents, s'ils sont faits par acte entre vifs;
- au décès de l'ascendant, les biens non partagés sont dévolus aux successeurs suivant les règles ordinaires;
- sont nuls, s'ils ne s'appliquent pas à tous les héritiers existant au jour du décès;
- sont annulables pour lésion de plus du quart ou violation de la réserve;
- attaqués à la requête d'un descendant, donnent lieu à une estimation dont il doit faire l'avance en tous cas, et supporter seul les frais si sa prétention est écartée.

CHAPITRES VIII et IX. — *Des Dispositions faites en faveur du mariage* (Art. 1081 à 1100).

Les donations faites par contrat de mariage
- sont assujetties aux règles générales des donations entre vifs;
- sont permises à toute personne et présumées faites au profit subsidiaire des enfants à naître du mariage;
- peuvent s'appliquer aux biens à venir (1);
- peuvent comporter la clause de payer les dettes à venir, ou la réserve pour le donateur du droit de disposer d'une somme ou d'un bien jusqu'à sa mort;
- ne peuvent être attaquées pour défaut d'acceptation;
- sont caduques
  - si le mariage ne s'ensuit pas,
  - si le donateur survit au donataire et à sa postérité;
- sont réductibles à la mort du donateur par l'effet de la réserve.

Les donations entre époux
- sont faites
  - avant le mariage, par contrat de mariage irrévocable;
  - pendant le mariage, par acte entre vifs ou testament, tous deux révocables;
- sont soumises aux mêmes règles que les donations faites par des tiers en faveur du mariage;
- ne sont pas présumées faites sous condition de survie du donataire;
- ne sont pas transmissibles aux enfants du donataire s'il prédécède;
- peuvent comprendre,
  - à défaut d'enfants,
    - tous les biens disponibles,
    - l'usufruit des biens réservés;
  - en cas de survenance d'enfants,
    - une moitié des biens en usufruit ou
    - un quart en propriété et un quart en usufruit;
- faites par un époux ayant des enfants d'un autre lit, ne peuvent excéder une part d'un enfant légitime ou le quart des biens;
- ne peuvent excéder ces quotités ni directement, ni indirectement, ni par personnes interposées (2);
- peuvent être consenties par le mineur avec l'assistance, non de son tuteur, mais de ceux qui ont qualité pour consentir au mariage;
- ne sont point révoquées pour survenance d'enfants;
- ne peuvent être faites réciproquement par un même acte.
- sont perdues, ainsi que tous avantages matrimoniaux, pour celui des époux contre lequel le divorce aura été admis (art. 299 — loi du 27 juillet 1884).

(1) Dans ce cas, on les appelle quelquefois institution contractuelle.

(2) Sont réputés tels les enfants du donataire issus d'un précédent mariage et les parents dont l'autre époux est héritier présomptif au jour de la donation.

TITRE III. — Des contrats ou Obligations conventionnelles en général.

CHAPITRE I. — *Dispositions préliminaires* (ART. 1101 à 1107).

- Les contrats sont dits
  - synallagmatiques ou bilatéraux,
  - unilatéraux,
  - commutatifs,
  - aléatoires,
  - de bienfaisance,
  - à titre gratuit,
  - à titre onéreux,
  - Voir les définitions contenues dans les articles 1101 à 1106.
- Les contrats sont assujettis
  - quelle que soit leur espèce, à des règles générales ci-dessous exposées;
  - suivant leur espèce, à des règles particulières (1).
- Les contrats ou obligations
  - exigent quatre conditions :
    - consentement, capacité — de celui qui s'oblige.
    - objet certain,
    - cause licite;
  - donnent lieu à des dommages-intérêts en cas d'inexécution;
  - sont interprétés de bonne foi et font la loi des parties;
  - n'ont d'effets qu'entre les contractants;
  - se divisent
    - en obligations
      - de donner,
      - de faire ou de ne pas faire;
    - en obligations
      - pures et simples,
      - conditionnelles,
      - à terme,
      - alternatives,
      - solidaires
        - du chef des créanciers,
        - du chef des débiteurs,
      - divisibles,
      - indivisibles,
      - avec clause pénale.
  - s'éteignent par
    - paiement,
    - novation,
    - remise volontaire,
    - compensation,
    - confusion,
    - perte de la chose due,
    - effet de l'action en nullité ou en rescision,
    - effet de la condition résolutoire,
    - prescription.
  - se prouvent
    - par la preuve littérale résultant de
      - acte authentique,
      - acte sous-seing privé,
      - tailles,
      - actes recognitifs et confirmatifs;
    - par témoins, si la demande n'excède pas cent cinquante francs;
    - par présomption;
    - par l'aveu de la partie;
    - par le serment
      - décisoire,
      - déféré d'office.

(1) L'étude de ces dernières règles est comprise dans le programme du deuxième examen de licence.

CHAPITRE II. — *Conditions de validité des Conventions* (ART. 1108 à 1133).

Toute convention doit

- **être corroborée par un consentement**
  - **valable, c'est-à-dire non entaché**
    - **d'erreur**
      - sur la substance de la chose,
      - sur la personne, si elle est la cause déterminante du contrat;
    - **de violence** (1)
      - faisant craindre pour la personne ou la fortune un mal considérable et présent;
      - exercée
        - par un tiers ou par le bénéficiaire du contrat,
        - sur l'obligé ou sur son époux, ses ascendants ou ses descendants;
      - nullité couverte par une ratification expresse ou tacite.
    - **de dol**
      - manœuvres frauduleuses ayant été la cause déterminante du contrat;
      - qui doit être prouvé par le demandeur en nullité.
  - **donné**
    - par celui-là même qui s'oblige ou
    - par un tiers dit « porte-fort » qui promet de rapporter le consentement de celui qui doit être obligé (2).
- **être passée entre personnes autres que les incapables**
  - mineurs émancipés ou non;
  - interdits (articles 503 et 509);
  - individus placés dans un établissement d'aliénés (Loi du 30 juin 1838);
  - femmes mariées;
  - condamnés à une peine perpétuelle (Loi du 31 mai 1854);
  - individus auxquels la loi interdit certains contrats, en vue de circonstances spéciales (articles 450, 472, 1595, etc.);
  - (la nullité résultant de la violation de cette règle n'est opposable que par les incapables ou leurs représentants légaux).
- **avoir un objet déterminé**
  - une chose à donner, déterminée au moins dans son espèce;
  - une chose à faire ou à ne pas faire;
  - la propriété, l'usufruit, l'usage ou la simple possession d'une chose;
  - une chose future, sauf une succession non ouverte;
  - cet objet doit être placé dans le commerce.
- **avoir une cause**
  - but immédiat de l'obligation;
  - exprimée ou sous-entendue dans l'acte qui constate la convention;
  - véritable (3);
  - licite, non contraire aux lois, aux bonnes mœurs et à l'ordre public.

---

(1) La seule crainte révérentielle des ascendants ne suffit pas à motiver l'annulation d'un contrat.

(2) On est toujours présumé stipuler pour soi et ses héritiers; on ne peut stipuler pour autrui que si on y a un intérêt pécuniaire (clause pénale ou autre) ou si on impose cette stipulation comme condition d'un contrat ou d'une donation.

(3) L'erreur ne portant pas sur la substance de la cause ne vicie pas l'obligation.

CHAPITRE III. — *De l'Effet des Obligations* (Art. 1134 à 1167).

L'obligation de donner
- entraîne celle de conserver et de livrer la chose ;
- est parfaite par le seul consentement des parties (1);
- rend le créancier propriétaire, si le contrat a pour objet une mutation de propriété ;
- met la chose aux risques du créancier
  - dès que le contrat est formé, sauf clause contraire ;
  - nonobstant l'apposition d'un terme ;
  - bien que la livraison n'ait pas été opérée.
- laisse la chose aux risques du débiteur
  - s'il est constitué en demeure (2)
    - par un acte judiciaire,
    - en vertu d'une clause spéciale de la convention ;
  - s'il s'est chargé des risques par une clause spéciale (art. 1302) ;
  - si l'obligation est affectée d'une condition suspensive ;
  - dans certains cas prévus par la Loi (art. 1145, 1146, etc.).

L'obligation de faire ou de ne pas faire (3)
- se résout en dommages-intérêts
  - toutes les fois que le fait promis est personnel au débiteur et qu'il se refuse à l'accomplir ;
  - toutes les fois que le créancier choisit ce mode de réparation.
- donne lieu à exécution forcée
  - si le fait du débiteur peut être accompli par un autre en son lieu et place ;
  - s'il s'agit de faire disparaître les résultats matériels de la violation d'une obligation de ne pas faire.

L'inexécution d'une convention donne lieu à des dommages-intérêts
- dus lorsque le débiteur est en demeure (3) ;
- dus
  - pour inexécution partielle ou totale,
  - pour retard dans l'exécution,
  - sauf le cas de force majeure ;
- évalués d'après la perte ou le gain résultant directement pour le créancier de cette inexécution ;
- fixés invariablement,
  - en cas de clause pénale, à la somme déterminée ;
  - en cas de dette d'argent, au paiement des intérêts légaux indépendamment de toute perte subie.
- l'anatocisme ne peut résulter que d'une demande judiciaire ou d'une convention passée postérieurement à l'échéance des intérêts qui doivent en produire d'autres et pour une année au moins, sauf les fermages, loyers, etc. (article 1155), cas dans lesquels l'anatocisme peut avoir lieu pour toute somme échue.

Les conventions sont interprétées
- de bonne foi (article 1134);
- dans le sens de l'intention présumée des parties ;
- en tenant compte des usages ;
- dans le doute, en faveur du débiteur.

Les conventions
- ne peuvent léser directement les tiers, ni leur profiter, sauf le cas de l'article 1121 ;
- sont toujours opposables aux tiers n'ayant pas acquis de droits réels sur la chose :
- ne sont opposables à tous les tiers que s'il y a eu transcription (Loi du 23 mars 1855) ;
- peuvent être annulées à la demande des créanciers antérieurs, s'il y a
  - préjudice causé aux créanciers,
  - mauvaise foi du débiteur ayant contracté,
  - complicité de l'autre partie contractante (4).

Les tiers peuvent exercer les droits qui ne sont pas inhérents à la personne de leur débiteur.

---

(1) Suivant une autre interprétation, le premier alinéa de l'article 1138 aurait pour but de déclarer toujours sous-entendue la clause de tradition fictive usitée dans l'ancien Droit français.

(2) Dans ce cas, le débiteur a encore la ressource de prouver que la chose eût péri chez le créancier. (Art. 1302.)

(3) Le débiteur d'une obligation de ne pas faire est constitué en demeure par le seul fait de la contravention.

(4) S'il s'agit d'un contrat à titre gratuit, la complicité du donataire n'est pas nécessaire.

CHAPITRE IV. — *Des diverses espèces d'Obligations* (ART. 1168 à 1233).

OBLIGATIONS CONDITIONNELLES.

La condition est un événement futur et incertain d'où dépend l'ouverture ou la résolution des obligations résultant d'un contrat.

La condition est
- casuelle, quand l'accomplissement est indépendant de la volonté du créancier et du débiteur;
- potestative, quand l'accomplissement dépend de la volonté d'une des parties;
- mixte, quand l'accomplissement dépend de la volonté des parties et de celle d'un tiers;
- suspensive, lorsqu'elle dépend d'un événement futur et incertain, ou arrivé, mais encore inconnu des parties;
- résolutoire, lorsqu'elle annule rétroactivement l'obligation déjà exécutée.

La condition suspensive
- retarde l'ouverture du droit du créancier;
- laisse la chose aux risques du débiteur;
- éteint l'obligation en cas de perte totale par la force majeure;
- en cas de perte partielle, donne au créancier le choix,
  - s'il y a faute du débiteur,
    - de résoudre l'obligation ou
    - d'exiger la chose telle quelle
    - avec des dommages-intérêts;
  - s'il n'y a pas faute du débiteur,
    - de résoudre l'obligation,
    - ou d'exiger la chose telle quelle, mais sans diminution de prix.
- n'est exécutée qu'après l'arrivée de la condition (1).

La condition résolutoire
- expresse
  - permet l'exécution de l'obligation, tant que cette condition n'est pas accomplie;
  - dès qu'elle s'accomplit, anéantit dans le passé et dans l'avenir les effets de l'obligation;
  - produit son effet de plein droit.
- tacite
  - est toujours sous-entendue dans les contrats synallagmatiques pour le cas ou une des parties ne satisfait pas à son engagement;
  - doit être constatée judiciairement pour entraîner, au choix du demandeur,
    - l'exécution forcée de la convention,
    - ou la résolution du contrat avec dommages-intérêts.

OBLIGATIONS A TERME.

Le terme
- suspend l'exécution de la convention;
- n'entrave pas l'ouverture du droit du créancier;
- met le débiteur à l'abri de toute poursuite;
- lorsqu'il est devancé, n'autorise pas la répétition des sommes payées à l'avance;
- sauf clause expresse, est présumé stipulé en faveur du débiteur;
- ne peut plus être opposé
  - par le débiteur tombé en faillite (2);
  - par le débiteur qui, par son fait, a diminué les sûretés données dans le contrat à son créancier.

OBLIGATIONS ALTERNATIVES.

Le débiteur
- est libéré par la délivrance de l'une des choses comprises dans l'obligation;
- a le droit de choisir la chose qu'il entend délivrer, à moins que le choix n'ait été expressément laissé au créancier;
- est tenu purement et simplement,
  - si l'une des deux choses promises ne pouvait faire l'objet d'une obligation;
  - si l'une des deux choses a péri, même par la faute du débiteur.
- si les deux choses sont péries
  - et qu'il soit en faute à l'égard de l'une d'elles, doit le prix de celle qui a péri la dernière;
  - sans sa faute et avant qu'il soit en demeure, est libéré de toute obligation.

Si le choix a été laissé au créancier
- et qu'une des deux choses soit périe
  - sans la faute du débiteur, le créancier ne peut réclamer que celle qui reste;
  - par la faute du débiteur, le créancier peut réclamer celle qui reste ou le prix de celle qui est périe;
- et que les deux choses soient péries, le débiteur étant en faute à l'égard de l'une d'elles, le créancier peut exiger le prix de l'une ou de l'autre.

---

(1) Toutefois la condition accomplie a un effet rétroactif au jour auquel l'engagement a été contracté.
(2) Quelques interprètes, argumentant par analogie avec l'article 1913, donnent la même solution pour le cas de déconfiture, bien que ce dernier état soit difficile à déterminer.

Des diverses espèces d'Obligations (Suite).

OBLIGATIONS SOLIDAIRES.

La solidarité entre créanciers
- consiste dans le droit expressément accordé à chacun d'eux de demander le paiement de la totalité de la créance ;
- a pour effets
  - de permettre au débiteur de se libérer entre les mains de n'importe lequel des créanciers, tant qu'il n'y a pas de poursuites ;
  - d'interrompre la prescription par l'acte d'un seul des créanciers au profit de tous ;
  - de ne libérer le débiteur qui obtient d'un des créanciers la remise de sa dette, que pour la part virile de ce créancier.

La solidarité entre débiteurs
- consiste dans un mandat tacite en vertu duquel les débiteurs se représentent mutuellement vis-à-vis du créancier.
- a pour effets
  - d'astreindre chaque débiteur à payer la totalité de la dette, sans bénéfice de division ;
  - de libérer tous les débiteurs par le paiement que fait l'un d'eux ;
  - de faire courir les intérêts, d'interrompre la prescription, de provoquer une mise en demeure, — à l'égard de tous les débiteurs par les poursuites dirigées contre un seul ;
  - si la chose a péri, d'astreindre
    - les débiteurs non en faute à en payer la valeur ;
    - les débiteurs en faute ou en demeure à des dommages-intérêts.
- existe
  - de plein-droit, en vertu de certaines dispositions de la Loi (art. 395, 396, 1734, etc.) ;
  - en vertu d'une convention expresse.
- permet d'opposer les exceptions
  - résultant de la nature de l'obligation (nullité de la dette) ;
  - communes à tous les codébiteurs (prescription, paiement, etc.) ;
  - personnelles au débiteur poursuivi (terme, vice de consentement, etc.).
- peut être remise
  - soit expressément ;
  - soit tacitement
    - par suite d'un paiement divisé reçu d'un débiteur pour sa part (1),
    - par suite d'une action dirigée contre un débiteur pour sa part ;
- n'empêche pas la division de la dette
  - entre les héritiers d'un débiteur solidaire ;
  - entre les codébiteurs poursuivis par celui d'entre eux qui a payé la dette totale au créancier.

OBLIGATIONS DIVISIBLES ET INDIVISIBLES.

Est divisible, l'obligation dont l'objet est susceptible de division matérielle ou intellectuelle et dont le débiteur est représenté par des héritiers.

est indivisible
- entre le créancier et le débiteur, toute obligation même divisible quant à sa nature.
- l'obligation consistant
  - en un fait ou une chose non susceptible de division ;
  - en une dette hypothécaire ;
  - en un corps certain ;
  - en une alternative de choses au choix du créancier, dont l'une est indivisible ;
  - en une charge imposée par le titre à un seul des héritiers (2) ;
  - en une dette dont les parties ont entendu interdire l'acquittement partiel.

l'obligation indivisible
- permet au débiteur poursuivi d'opposer le bénéfice de division ;
- oblige chacun de ceux qui en sont tenus à acquitter toute la dette, en cas d'insolvabilite des autres débiteurs,
- libère tous les débiteurs par le paiement que fait l'un d'eux ;
- reste indivisible entre les héritiers des débiteurs ;
- soumet tous les débiteurs aux conséquences (3) de l'action dirigée contre l'un d'eux ;
- est dissoute, en cas de perte de la chose, à l'égard de tous ceux des débiteurs qui ne sont pas en faute.

OBLIGATIONS AVEC CLAUSES PÉNALES.

La clause pénale
- est une convention accessoire faite en vue de l'inexécution de l'obligation principale ;
- devient nulle si l'obligation principale est annulée ;
- est un forfait
  - qui tient lieu des dommages-intérêts et ne peut être augmenté ;
  - auquel le créancier peut renoncer pour poursuivre l'exécution de l'obligation principale ;
  - qui peut être diminué par le juge en cas d'exécution partielle de l'obligation principale ;
- est exigible de chacun des héritiers
  - pour le tout, s'il s'agit d'une dette indivisible ;
  - pour sa part seulement, si l'obligation est divisible ;

---

(1) S'il s'agit d'intérêts ou d'arrérages, la solidarité n'est présumée remise que pour les sommes échues, à moins que le paiement divisé n'ait duré dix ans.
(2) Dans ce cas, cet héritier seul peut être poursuivi pour le tout.
(3) Mise en demeure, interruption de prescription, point de départ des intérêts moratoires.

CHAPITRE V. — *De l'Extinction des Obligations* (Art. 1234 à 1314),

du paiement (art. 1234 à 1252).

- **Le paiement**
  - suppose une dette civile
    - pourvue d'action, qu'elle soit exigible ou non;
    - non pourvue d'action, mais comme présumée imparfaite, susceptible d'être complétée par l'aveu du débiteur.
  - peut être effectué
    - par le débiteur lui-même ;
    - par un tiers intéressé à l'extinction de la dette (coobligé, caution, etc.), avec subrogation légale dans les droits du créancier ;
    - par un tiers non intéressé
      - agissant dans l'intérêt du débiteur, avec possibilité d'obtenir la subrogation conventionnelle,
      - agissant dans son propre intérêt (1), mais avec impossibilité d'obtenir la subrogation ;
    - par le débiteur seul, si la convention a été faite *intuitu personæ.*
  - exige pour être valable
    - que le débiteur soit propriétaire de la chose livrée (2), vice opposable par le créancier et par le débiteur (3) ;
    - que le débiteur soit capable d'aliéner, vice opposable par le débiteur seul (3);
  - doit être fait
    - au créancier, s'il est capable de donner quittance ;
    - à son mandataire
      - conventionnel, révocable au gré du créancier,
      - légal (tuteur, mari, etc.),
      - judiciaire (curateur à une succession vacante, etc.),
      - spécial (*adjectus solutionis gratiâ*) dont la nomination, résultant du contrat, est acquise au débiteur;
    - à un tiers sans mandat, pourvu que le créancier ratifie le paiement ou en ait profité ;
    - au créancier incapable, pourvu que le débiteur fasse ratifier le paiement par qui de droit ou prouve que le créancier en a profité.
  - fait au préjudice d'une saisie ou d'une opposition
    - est valable entre le créancier et le débiteur ;
    - n'est pas opposable au saisissant qui peut contraindre le débiteur à payer une seconde fois.
  - doit comprendre toute la dette
    - à moins que le créancier ne consente à recevoir un à-compte;
    - à moins que le tribunal n'autorise le débiteur à se libérer par des paiements successifs.
  - dans le cas de dette de corps certain, peut comprendre la chose telle quelle, si elle a été détériorée sans la faute du débiteur.
  - doit être effectué
    - au lieu fixé par la convention ;
    - à défaut de stipulation
      - s'il s'agit d'un corps certain, au lieu où il se trouvait à l'époque de la convention,
      - dans tout autre cas, au domicile du débiteur.
- **La subrogation**
  - a pour effets d'investir de tous les droits du créancier le tiers qui l'a désintéressé.
  - est de deux sortes :
    - conventionnelle
      - lorsque le créancier l'accorde expressément en recevant le paiement,
      - lorsque le débiteur emprunte une somme pour désintéresser son créancier et que cet emprunt comme cet emploi sont constatés par actes authentiques (4);
    - légale
      - au profit du créancier qui désintéresse le créancier qui le primait à raison de son privilége et de son hypothèque,
      - au profit de l'acquéreur d'un immeuble qui acquitte les dettes hypothécaires dont cet immeuble est grevé,
      - au profit du coobligé ou de tout autre qui acquitte une dette dont il est responsable,
      - au profit de l'héritier bénéficiaire qui paie de ses deniers les dettes de la succession.

---

(1) Dans ce cas, il y a une cession de créance et non pas un paiement.
(2) Cette nécessité n'existe que si l'obligation consiste en une translation de propriété.
(3) Le débiteur perd tout recours, si la chose livrée a été consommée de bonne foi par le créancier.
(4) Cette subrogation a lieu sans le concours du créancier qui ne peut s'y opposer.

De l'Extinction des Obligations (Suite).

PAIEMENT (Suite).

- **Le paiement est imputé**
  - sur la dette que le débiteur a déclaré vouloir acquitter;
  - à défaut de déclaration
    - sur la dette échue plutôt que sur celle qui ne l'est pas;
    - sur celle que le débiteur avait le plus d'intérêt à acquitter;
    - subsidiairement,
      - sur la plus ancienne,
      - proportionnellement, toutes choses égales d'ailleurs;
  - sur les intérêts de préférence au capital, à moins que le créancier ne consente au procédé inverse.

- **Le paiement peut être suppléé**
  - par des offres réelles
    - pourvu que
      - elles soient faites
        - à un créancier capable ou à son mandataire,
        - par une personne capable de payer;
      - elles comprennent la totalité de la créance et des frais;
      - le terme soit échu, s'il est en faveur du créancier;
      - la condition soit arrivée;
      - elles soient faites
        - au lieu convenable,
        - par un huissier ou par un notaire;
    - dont les frais sont à la charge du créancier, si elles sont validées;
    - révocables tant qu'elles n'ont pas été
      - acceptées par le créancier,
      - déclarées valables par un jugement passé en force de chose jugée (1);
    - consistant
      - s'il s'agit d'un corps certain livrable là où il se trouve,
        - en une sommation de l'enlever,
        - en un dépôt au lieu indiqué par le juge;
      - dans tous les autres cas,
        - en une sommation contenant avis du dépôt,
        - en un dépôt de la chose offerte,
        - en un procès-verbal descriptif constatant le refus du créancier et le dessaisissement du débiteur,
        - en une sommation de retirer la chose déposée.
  - par la cession de biens
    - volontaire — réglée d'après la convention intervenue.
    - judiciaire
      - accordée au débiteur
        - malheureux (circonstance à établir),
        - de bonne foi (circonstance présumée),
        - hors d'état de payer ses dettes,
        - soumis à la contrainte par corps (2);
      - donnant
        - aux créanciers le droit
          - de percevoir les revenus,
          - de faire vendre les biens cédés;
        - au débiteur l'avantage
          - d'échapper à la contrainte par corps (2),
          - d'éviter les frais coûteux de la procédure de saisie;
      - retirant au débiteur le droit de disposer de ses biens;
      - laissant le débiteur exposé aux poursuites de ses créanciers, s'il acquiert postérieurement d'autres biens;
      - refusée (3)
        - aux étrangers,
        - aux stellionataires,
        - aux banqueroutiers frauduleux,
        - aux condamnés pour vol et escroquerie,
        - aux comptables, administrateurs, tuteurs et dépositaires.

---

(1) Le créancier qui, après cette formalité, autoriserait le débiteur à revenir sur ses offres réelles perdrait les sûretés accessoires attachées à sa créance.

(2) Cette condition est devenue sans objet par suite de l'abolition de la contrainte par corps en matière civile et commerciale. (Loi du 22 juillet 1867.)

(3) Article 905 du Code de procédure civile.

De l'Extinction des Obligations (Suite).

NOVATION.

La novation
- s'opère
  - par changement d'objet de l'obligation;
  - par changement de débiteur;
  - par changement de créancier;
  - par changement de cause de l'obligation.
- exige
  - chez les contractants la capacité de s'obliger;
  - la volonté de nover, expressément ou du moins clairement exprimée;
  - le consentement du créancier, s'il y a changement de débiteur.
- est applicable
  - à une dette valable;
  - à une dette annulable;
  - à une dette affectée de modalité.
- ne peut s'appliquer à une dette nulle.
- entraîne
  - extinction
    - de la première obligation,
    - des priviléges et hypothèques,
    - sauf réserve expresse (1);
  - libération
    - des cautions,
    - des codébiteurs solidaires,
    - sauf le cas d'assentiment de ces intéressés.
- ne résulte de la simple délégation d'un débiteur que si le créancier a consenti à décharger le débiteur primitif.

REMISE DE LA DETTE.

La remise de la dette
- constitue une libéralité.
- se présume
  - d'une manière absolue, de la remise du titre sous seing-privé;
  - sauf la preuve contraire, de la remise de la grosse du titre authentique.
- faite à un codébiteur solidaire, libère tous les autres, sauf le cas de réserve expresse (2).
- n'est pas présumée par suite de la remise du gage.
- faite au débiteur principal, libère les cautions.
- faite à la caution, ne libère pas le débiteur principal.
- faite à une des cautions, ne libère pas les autres.
- faite à une caution moyennant un prix, diminue d'autant la dette principale.

COMPENSATION.

La compensation
- a lieu
  - de plein droit à l'insu des parties;
  - par suite de la seule coexistence de deux dettes également liquides et exigibles;
  - jusqu'à concurrence de leur quotité respective;
  - entre deux dettes
    - d'argent,
    - de choses fungibles de la même espèce,
    - de grains ou denrées dont le prix est réglé par les mercuriales;
  - suivant les règles de l'imputation des paiements.
- n'a pas lieu
  - si les parties y renoncent;
  - si l'une des dettes a pour cause
    - la réparation d'une spoliation injuste,
    - la restitution d'un dépôt ou d'un prêt,
    - une créance alimentaire ou insaisissable.
- peut être opposée par la caution, même en cas de renonciation du débiteur principal.
- ne peut être opposée par le codébiteur solidaire.
- n'a lieu qu'en tenant compte des frais du paiement, s'il doit avoir lieu en des endroits différents.

---

(1) En cas de changement de débiteur, les priviléges et hypothèques ne peuvent passer sur la tête du nouveau débiteur.

(2) Dans ce cas, il doit être fait déduction de la part du codébiteur libéré.

De l'Extinction des Obligations (Suite).

CONFUSION.

La confusion
- résulte de la réunion sur une seule tête des qualités de créancier et de débiteur.
- est empêchée par le bénéfice d'inventaire.
- éteint l'obligation et les sûretés accessoires qui y sont attachées.
- en cas de dette solidaire, n'éteint la dette que pour la portion du codébiteur en la personne duquel s'est opérée la confusion.
- n'empêche que le paiement effectif de la dette qui produit ses autres effets (calcul de la réserve, etc.).
- est révoquée par suite de l'annulation rétroactive de l'acte qui l'a produite (droits des tiers révoqués).
- cesse par suite d'un fait nouveau qui met à néant la cause de la confusion (droits des tiers maintenus).

PERTE DE LA CHOSE DUE.

La perte de la chose due
- résulte
  - de la destruction matérielle de la chose;
  - de sa mise hors du commerce (expropriation pour cause d'utilité publique, etc.);
  - de ce qu'elle est absolument perdue (vol, disparition, etc.).
- libère le débiteur (1)
  - s'il s'agit d'un corps certain et déterminé;
  - si la perte a eu lieu par cas fortuit, sans la faute du débiteur et avant qu'il fût en demeure;
  - si, même en cas de faute du débiteur, la chose fût également périe chez le créancier.
- n'éteint pas la dette
  - lorsque le débiteur s'est chargé des cas fortuits;
  - lorsque la dette a pour cause la restitution d'une chose volée.
- oblige le débiteur à céder au créancier
  - les accessoires de la chose périe;
  - ce qu'il en reste en cas de perte partielle;
  - les droits et actions en indemnité qu'il peut avoir.

NULLITÉ OU RESCISION.

L'action en nullité
- dure
  - le temps déterminé par la Loi / à défaut de limite plus courte, dix ans — à compter
    - de la cessation de la violence;
    - de la découverte du dol et de l'erreur;
    - pour les incapables, de la cessation de leur incapacité.
- est accordée
  - au mineur non émancipé, dans tous les cas de lésion (2);
  - au mineur émancipé, s'il est lésé par suite d'une convention excédant sa capacité;
  - aux interdits;
  - aux individus pourvus d'un conseil judiciaire;
  - aux femmes mariées;
  - aux individus admis dans un asile d'aliénés;
  - aux majeurs
    - ayant accepté une succession
      - dans le cas de dol,
      - si un testament, d'abord inconnu, absorbe plus de la moitié de la succession
    - en cas de partage,
      - pour dol ou violence,
      - pour lésion de plus du quart;
    - en cas de vente, pour lésion de plus des sept douzièmes;
    - dans toute espèce de convention, pour erreur, dol ou violence.
- est refusée
  - au mineur
    - commerçant, banquier ou artisan, pour les actes de sa profession;
    - pour les conventions portées en son contrat de mariage, s'il a agi avec le consentement de qui de droit;
    - pour les obligations résultant de son délit ou de son quasi-délit;
    - pour un engagement souscrit en minorité, mais ratifié en majorité.
  - aux incapables, lorsqu'on a suivi les formalités requises.
- donne lieu au remboursement de ce qui aurait été payé au mineur, à moins que les sommes n'aient tourné à son profit (la preuve de cet emploi utile incombe au défendeur en nullité).

---

(1) Le débiteur doit prouver la cause de libération qu'il allègue.
(2) Application de la maxime « *minor restituitur non tanquam minor sed tanquam læsus* ».

CHAPITRE VI. — *De la Preuve des Obligations et de celle du Paiement* (1) (ART. 1315 à 1369).

- **La preuve**
  - des obligations incombe à celui qui en réclame l'exécution.
  - de l'extinction de l'obligation incombe à celui qui l'allègue.
  - des obligations et de leur extinction résulte
    - de la preuve littérale par
      - titre authentique,
      - acte sous-seing privé,
      - tailles,
      - copies de titres,
      - actes récognitifs et confirmatifs ;
    - de la preuve testimoniale
      - *de plano* si la valeur de la créance n'excède pas 150 francs,
      - moyennant un commencement de preuve par écrit au delà de cette somme
    - des présomptions ;
    - de l'aveu de la partie ;
    - du serment
      - décisoire,
      - supplétoire ou déféré d'office.

PREUVE LITTÉRALE.

- **L'acte authentique**
  - est celui qui est reçu
    - par un officier public compétent *ratione materiæ et ratione loci* ;
    - avec les solennités requises (témoins notariés, etc.).
  - nul
    - pour défaut de forme,
    - pour incompétence de l'officier,
    - vaut comme écriture privée, s'il est signé des parties.
  - s'il est régulier
    - fait foi
      - à l'égard
        - des parties contractantes,
        - de leurs héritiers,
        - de leurs ayants-cause,
        - de toutes personnes ;
      - ne peut être opposé aux tiers (individus dont les droits sont antérieurs à l'acte authentique) ;
      - en ce qui touche sa date qui est dite certaine ;
      - pour ce qui y est indiqué
        - en termes précis,
        - en termes énonciatifs, mais se rapportant directement à la convention.
    - sert de commencement de preuve par écrit en ce qui touche les énonciations indirectes ;
    - ne peut être combattu que
      - par la procédure criminelle de faux,
      - par l'inscription de faux ou faux incident civil.
  - les contre-lettres, valables entre les parties, ne sont pas opposables aux tiers.
- **L'acte sous-seing privé**
  - doit être reconnu ou désavoué formellement par celui dont on le prétend émané.
  - peut être repoussé par les héritiers ou ayants-cause sans dénégation formelle.
  - reconnu ou vérifié en justice, a le même effet que l'acte authentique à l'égard
    - des parties contractantes ;
    - de leurs héritiers ;
    - de leurs ayants-cause ;
    - de toutes personnes sauf les tiers.
  - en cas de contrat synallagmatique,
    - doit être fait en autant d'originaux qu'il y a de parties ayant un intérêt distinct ;
    - doit porter la mention du nombre des originaux (2).
  - en cas de promesse unilatérale d'argent ou de chose,
    - doit être écrit en entier de la main du débiteur ou au moins porter un *bon* ou un *approuvé* avec l'indication de la somme ou de la quantité en toutes lettres ;
    - excepté s'il émane de gens de journée et de service.
  - en cas de différence entre la somme indiquée dans le corps de l'écrit et dans l'approuvé, vaut pour la somme moindre, sauf preuve contraire.
  - n'a date certaine contre les tiers que
    - par l'enregistrement ;
    - par la mort d'un des signataires ;
    - par la relation dans un acte authentique.

---

(1) Cette expression trop restreinte embrasse tout autre mode d'extinction des obligations.
(2) L'inobservation de cette formalité ne peut être opposée par celui qui a exécuté la convention.

Preuve des Obligations et du Paiement (Suite).

PREUVE LITTÉRALE (Suite).

- Les livres et registres
  - des marchands
    - font preuve
      - entre marchands,
      - contre les marchands ;
    - sont sans effet contre les non-marchands.
  - d'un particulier font foi contre lui,
    - s'ils énoncent un paiement reçu.
    - si une mention de dette y est indiquée comme devant suppléer un défaut de titre.
- La libération du débiteur est établie
  - par l'écriture mise par le créancier sur un titre demeuré en sa possession.
  - par l'écriture portée sur le double d'un titre ou d'une quittance placée entre les mains du débiteur.

Les tailles corrélatives aux échantillons font foi entre ceux qui usent habituellement de ce moyen de preuve.

- Les copies de titres,
  - lorsque l'original subsiste, ne peuvent le suppléer.
  - lorsque l'original n'existe plus,
    - font foi si ce sont
      - des grosses,
      - des copies tirées par ordre du magistrat,
      - des copies tirées sur la demande et en présence des parties,
      - des copies tirées de l'original par le notaire, ses successeurs ou un dépositaire public en l'absence des parties et si ces pièces ont trente ans de date ;
    - servent de commencement de preuve par écrit
      - si elles ont moins de trente ans dans le cas précédent,
      - si elles émanent d'un autre officier public, quelle que soit leur ancienneté ;
    - servent de simples renseignements si elles sont tirées de copies.
  - sur les registres publics ou transcription servent de commencement de preuve par écrit pourvu que
    - la perte accidentelle de la minute soit constante ;
    - il existe un répertoire sur lequel l'acte est indiqué à sa date.
- La ratification
  - résultant d'un acte récognitif
    - ne dispense pas de la représentation du titre primordial ;
    - dispense de cette formalité, s'il y a plusieurs reconnaissances dont l'une ait trente ans.
  - expresse d'une obligation annulable
    - doit mentionner
      - la substance de cette obligation,
      - le vice qui l'entachait,
      - l'intention de réparer ce vice ;
    - est interdite au donateur entre vifs en cas de vices de formes.
  - tacite d'une obligation annulable
    - résulte de l'exécution volontaire lorsque cette ratification est possible ;
    - résulte pour les donations entre vifs de l'exécution par les héritiers du donateur.
  - emporte renonciation aux nullités et exceptions sous réserve des droits des tiers.

PREUVE TESTIMONIALE.

- La preuve testimoniale
  - est interdite
    - dès que la valeur du litige excède 150 francs (1) ;
    - contre et outre le contenu des actes ;
    - au sujet de ce qui pourrait avoir été dit ou fait à l'occasion de ces actes.
  - est permise
    - en matière criminelle ou correctionnelle, même à la partie civile ;
    - en matière commerciale ;
    - dès qu'il y a commencement de preuve par écrit (acte émané de celui à qui on l'oppose et rendant vraisemblable le fait allégué) ;
    - lorque le créancier n'a pu se procurer un écrit, exception applicable
      - aux obligations nées
        - des quasi-contrats,
        - des quasi-délits ;
      - aux dépôts nécessaires en cas de
        - incendie,
        - tumulte,
        - naufrage ;
      - aux dépôts faits par les voyageurs dans une hôtellerie ;
      - aux obligations contractées en cas d'accident imprévu ;
      - au cas de perte du titre par cas fortuit, imprévu et résultant d'une force majeure.

(1) On doit, pour établir ce total, réunir les intérêts au capital et faire masse de toutes demandes formées contre une même personne à moins qu'elles ne procèdent d'auteurs différents.

Preuve des Obligations et du Paiement (Suite).

PRÉSOMPTIONS.

- **Les présomptions**
  - **légales**
    - **consistent**
      - en des actes déclarés nuls par la loi comme présumés faits en fraude de ses dispositions,
      - en des circonstances desquelles la loi fait résulter la propriété ou la libération,
      - dans l'autorité attachée à la chose jugée lorsqu'il y a
        - identité d'objet,
        - identité de cause,
        - identité de parties,
      - dans les conséquences de l'aveu et du serment;
    - dispensent ceux qui l'invoquent de toute autre preuve ;
    - **sont**
      - simples, lorsque la preuve contraire est autorisée,
      - absolues, lorsque la loi annule certains actes ou dénie l'action en justice.
  - **de fait**
    - sont celles qui ne sont pas prévues par la loi ;
    - sont laissées à l'appréciation des juges ;
    - sont admissibles dans le même cas que la preuve testimoniale.

AVEU.

- **L'aveu**
  - **extra-judiciaire**
    - s'il est formulé par écrit, vaut comme acte sous-seing privé ;
    - s'il est verbal, ne peut être prouvé que si la preuve testimoniale est admissible.
  - **judiciaire**
    - est une déclaration faite devant le juge par la partie ou son fondé de pouvoir spécial ;
    - fait pleine foi contre celui dont il émane ;
    - ne peut être divisé contre celui qui l'a fait ;
    - est révocable pour erreur de fait, mais non pour erreur de droit.

SERMENT JUDICIAIRE.

- **Le serment**
  - **décisoire**
    - **est déféré**
      - par une des parties en cause,
      - en toute contestation susceptible de transaction et d'aveu,
      - sur un fait personnel à la partie ;
    - **a pour effets**
      - de donner gain de cause à celui qui le prête,
      - d'entraîner la perte du procès pour celui qui refuse de le prêter ou de le référer ;
    - constitue une sorte de pollicitation qui ne peut plus être rétractée dès que l'adversaire s'est déclaré disposé à prêter serment.
  - **supplétoire**
    - **est déféré d'office par le juge lorsque**
      - la demande n'est pas justifiée,
      - la demande n'est pas dénuée de preuves ;
    - ne peut être référé ;
    - **a pour but**
      - de trancher le procès en cours,
      - ou de déterminer le montant de la condamnation (1).
  - **est prêté**
    - à l'audience du tribunal ;
    - en cas d'impossibilité, devant un juge à ce commis ;
    - la partie adverse dûment appelée.

---

(1) Dans ce cas il faut que le juge n'ait aucun autre moyen de fixer la quotité de la condamnation ; et encore doit-il indiquer une limite maximum.

TITRE IV. — Des Engagements qui se forment sans convention (Art. 1370 à 1390).

Certaines obligations naissent

- en vertu de dispositions expresses de la Loi (mitoyenneté, tutelle, etc.).
- comme conséquence d'un fait
  - quasi-contrats
    - gestion d'affaire (1)
      - entreprise par un tiers sans mandat;
      - astreignant le gérant à toutes les obligations du mandataire;
      - obligeant
        - le gérant à continuer sa gestion, même en cas de mort du maître,
        - le maître à ratifier toute dépense utile, quelle qu'en ait été la suite.
    - paiement de l'indu
      - donnant un droit de répétition toutes les fois que celui qui l'a reçu n'a aucun titre à le garder (2);
      - laissant les intérêts acquis à celui qui les a perçus de bonne foi;
      - ne donnant droit qu'au prix si la chose payée a été aliénée de bonne foi;
      - ne donnant pas de recours contre le créancier qui a détruit son titre.
  - délits civils (3) — fautes dommageables à autrui et intentionnelles.
  - quasi-délits
    - fautes dommageables à autrui, mais non intentionnelles;
    - consistent dans
      - un fait,
      - une négligence,
      - une imprudence,
    - pouvant naître
      - de la personne responsable,
      - d'un enfant mineur dont elle a la garde,
      - d'un domestique ou préposé,
      - d'un élève ou apprenti confié à sa surveillance,
      - de l'usage d'un animal,
      - de la ruine d'un bâtiment par défaut d'entretien ou vice de construction (4).

Les personnes responsables du fait d'autrui ont toujours le droit de dégager leur responsabilité, en prouvant qu'elles n'ont pu empêcher le délit ou le quasi-délit.

---

(1) Il y a mandat tacite et non gestion d'affaires lorsque le maître a connu les actes de gestion et, pouvant s'y opposer, ne l'a pas fait.

(2) Il en est autrement dès qu'on peut supposer une libéralité.

(3) Les délits criminels, lorsqu'ils ne sont pas dommageables à autrui, ne font pas encourir de responsabilité civile.

(4) Sous réserve, dans ce dernier cas, du recours du propriétaire contre l'entrepreneur ou l'architecte.

TITRE XX. — De la Prescription.

CHAPITRE I A IV. — *Dispositions générales et Cours de la Prescription* (ART. 2219 A 2259).

La prescription
- est de deux sortes
  - acquisitive ;
  - libératoire.
- est opposable
  - en tout état de cause, même en appel, sauf renonciation ;
  - par tout intéressé
    - le débiteur ou le possesseur,
    - les créanciers, les cautions — même si le principal intéressé y a renoncé ;
  - par le ministère public dans les causes des incapables.
- ne peut être suppléée d'office par les juges.
- peut faire l'objet d'une renonciation expresse ou tacite de la part de toute personne capable d'aliéner.
- est inapplicable aux choses placées hors du commerce.
- peut courir activement et passivement à l'égard
  - du domaine de l'Etat ;
  - des établissements publics ;
  - des communes.

La prescription
- est réalisée par une possession
  - continue (durant sans intervalle) — la continuité est présumée ;
  - non interrompue ni civilement, ni naturellement ;
  - publique ;
  - non équivoque,
  - à titre de propriétaire *animo domini ;*
- ne peut avoir pour base
  - des actes de pure faculté, droits sur lesquels les tiers ne peuvent empiéter ;
  - des actes de simple tolérance ;
  - des actes de violence tant qu'elle n'a pas cessé ;
  - une possession précaire à moins d'une interversion résultant du fait d'un tiers ou d'une contradiction aux droits du propriétaire.
- peut être acquise
  - par les héritiers, par les successeurs à titre universel, — en continuant la possession de leur auteur ;
  - par les ayants-cause à titre particulier
    - soit en joignant leur possession à celle de leur auteur ;
    - soit en commençant une possession en leur propre nom.
- ne peut être acquise aux ayants-cause à titre universel d'un individu possédant à titre précaire.

La prescription
- est interrompue
  - naturellement
    - par une cessation volontaire de possession,
    - par une dépossession de plus d'une année ;
  - civilement
    - par une citation en justice
      - même devant un juge incompétent,
      - même pour conciliation (1) ;
    - par un commandement ;
    - par une saisie ;
    - par la reconnaissance du droit contre lequel courait la prescription ;
    - à l'égard de la caution, par l'interpellation faite au débiteur principal (2) ;
  - l'interruption est annulée rétroactivement
    - si l'assignation est nulle par défaut de forme ;
    - en cas de désistement ;
    - en cas de péremption ;
    - si la demande est rejetée.
- court contre toute personne excepté
  - les mineurs et interdits ;
  - entre époux ;
  - contre la femme mariée
    - à l'égard de l'aliénation d'un fonds dotal,
    - lorsque l'action est subordonnée à une acceptation ou à une renonciation à la communauté,
    - lorsque l'action de la femme réfléchirait contre le mari ;
  - contre l'héritier bénéficiaire, à l'égard de ses créances contre la succession.
- ne court pas à l'égard
  - d'une créance
    - conditionnelle, jusqu'à ce qu'elle soit réalisée,
    - à terme jusqu'à son accomplissement ;
  - d'une action en garantie tant que l'éviction n'a pas eu lieu.
- court contre une succession vacante et contre les héritiers même pendant les 3 mois et 40 jours.

(1) En cas de non-conciliation, il doit y avoir assignation dans les 30 jours de la comparution.
(2) Voir, page 24, les effets d'une interruption de prescription en cas de dette solidaire ou indivisible.

De la Prescription (Suite).

CHAPITRE V. — *Temps requis pour prescrire* (ART. 2260 à 2281).

La prescription
- se compte par jour et non par heure.
- est acquise lorsque le dernier jour du terme est accompli.

Se prescrivent
- **par trente ans**
  - toutes les actions tant réelles que personnelles (1);
  - sans juste titre ni bonne foi.
- **par dix et vingt ans**
  - les immeubles acquis
    - avec bonne foi au début de la possession (elle est toujours présumée),
    - par juste titre — titre translatif de propriété et régulier en la forme (il doit être prouvé) ;
  - dix ans, si le propriétaire est domicilié dans le ressort de la Cour d'appel d'où relève l'immeuble (2);
  - vingt ans, si le propriétaire est domicilié hors du ressort.
- par dix ans, l'action contre les architectes et entrepreneurs en garantie des gros ouvrages.
- **par six mois l'action**
  - des instituteurs et maîtres, pour leçons au mois ;
  - des hôteliers et traiteurs, pour logement et nourriture;
  - des ouvriers, pour paiement de journées, fournitures et salaires.
- **par un an l'action**
  - des médecins, chirurgiens et pharmaciens;
  - des huissiers, pour frais d'actes et de commissions ;
  - des marchands, pour fournitures aux particuliers ;
  - des maîtres de pension, pour le prix de la pension ;
  - des patrons, pour frais d'apprentissage ;
  - des domestiques payés à l'année, pour leurs gages.
- **par deux ans l'action**
  - des avoués, pour honoraires et frais d'affaires terminées ;
  - des parties contre les huissiers, pour réclamation de pièces déposées.
- **par cinq ans l'action**
  - des avoués, pour honoraires et frais d'affaires pendantes,
  - des parties contre les juges et avoués, pour réclamation de pièces déposées,
  - des titulaires
    - de rentes perpétuelles et viagères,
    - de pensions alimentaires ;
  - des propriétaires et usufruitiers, pour loyers et fermages ;
  - des prêteurs et autres ayants-droit, pour les intérêts des sommes payables par année ou à termes périodiques plus courts.

NOTA. — Ces prescriptions dites particulières courent contre les mineurs et les interdits ; elles sont interrompues par compte arrêté, obligation ou citation en justice, mais non par une continuation de fournitures : ceux qui invoquent ces prescriptions peuvent être mis en demeure d'affirmer par serment leur libération.

- **instantanément**
  - les meubles corporels pris individuellement et ne provenant pas d'un vol ;
  - les meubles incorporels constatés par titres au porteur,
  - pourvu qu'il y ait possession
    - de bonne foi,
    - non précaire.
- par trois ans, les choses volées acquises avec juste titre et de bonne foi ;
- par trente ans, les meubles acquis sans juste titre ni bonne foi.

---

(1) Il n'est pas ici question des actions en nullité ou en rescision, que l'article 1304 limite à dix ans.
(2) On ajoute aux dix ans, en cas d'absence du ressort, un nombre égal à celui des années d'absence

FIN.

Bar-le-Duc. — Typ. L. Philipona

OUVRAGES DE M. A. WILHELM

LE DROIT ROMAIN RÉSUMÉ EN TABLEAUX SYNOPTIQUES

Matières de l'Examen de première année (5e *édition*) revue et annotée..... 2 fr. »
Matières de l'Examen de deuxième année (3e *édition*) revue et annotée..... 2 fr. »

LE DROIT CIVIL RÉSUMÉ EN TABLEAUX SYNOPTIQUES

Matières de l'Examen de première année (5e *édition*).................. 1 fr. 50
Matières de l'Examen de deuxième année (4e *édition*).................. 1 fr. 50
Matières de l'Examen de troisième année (4e *édition*).................. 1 fr. 50

LE DROIT CRIMINEL RÉSUMÉ EN TABLEAUX SYNOPTIQUES

Matières de l'Examen de première année. — *Code pénal.* — *Code d'instruction criminelle* (3e édition)................................ 1 fr. 50

LA PROCÉDURE CIVILE RÉSUMÉE EN TABLEAUX SYNOPTIQUES

Matières du deuxième Examen de Baccalauréat. (Art. 48 à 516 du Code de procédure civile) (3e *édition*)................................ 1 fr. 50

LE DROIT COMMERCIAL RÉSUMÉ EN TABLEAUX SYNOPTIQUES

Matières de l'Examen de troisième année.................. 1 fr. 50

LE DROIT INTERNATIONAL RÉSUMÉ EN TABLEAUX SYNOPTIQUES

Matière de l'Examen de troisième année.................. 1 fr. 50

L'HISTOIRE DU DROIT RÉSUMÉE EN TABLEAUX SYNOPTIQUES

Matières de l'Examen de deuxième année.................. 1 fr. 50

LES LOIS MILITAIRES RÉSUMÉES EN TABLEAUX SYNOPTIQUES

Armée de terre. — *Armée de mer.* — *Volontariat.* — *Réserves.* — *Armée territoriale.* — *Pénalités.* — *Réquisitions.* — *In-8* (2e édition).................. 1 fr. »

SOUS PRESSE :

Le droit administratif, résumé en tableaux synoptiques. (Troisième année.)
L'Economie Politique, résumée en tableaux synoptiques. (Deuxième année.)

LES CODES FRANÇAIS

ÉDITION PORTATIVE. — 1 cahier in-4°

Disposé spécialement pour la serviette de l'Avocat, de l'Officier ministériel ou de l'Étudiant.

Couverture parcheminée : 4 fr. — Reliure souple en toile anglaise : 5 fr.

En Vente chez CHALLAMEL aîné, 5, rue Jacob

LES CONSTITUTIONS MODERNES

RECUEIL DES CONSTITUTIONS ACTUELLEMENT EN VIGUEUR

DANS LES DIVERS ÉTATS D'EUROPE, D'AMÉRIQUE ET DU MONDE CIVILISÉ

Par F. R. DARESTE et P. DARESTE. — 2 vol. in-8° : 18 fr.

Etude sur la Vénalité des Charges et Fonctions publiques et sur celle des Offices ministériels, depuis l'antiquité romaine jusqu'à nos jours, par P. LOUIS-LUCAS, Docteur en Droit, Professeur à la Faculté de Dijon. — 3 gros volumes in-8°. 60 fr. »

Etude sur les Cédules hypothécaires (Handfesten — Bons fonciers), par JULES CHALLAMEL, Docteur en Droit, Avocat près la Cour d'appel. — Un volume in-8°. 6 fr. »

Etude sur le Régime hypothécaire de la Ville libre de Brême, par JULES CHALLAMEL. (Extrait du *Bulletin de la Société de Législation comparée.*) — In-8°. 2 fr. »

L'hypothèque judiciaire. Étude critique de législation française et étrangère (*prix Rossi*), par JULES CHALLAMEL. — In-8.................. 6 fr. »

Dictionnaire de la Législation Algérienne, Code annoté et Manuel raisonné des lois, ordonnances, décrets, etc., 1830 - 1872, publiés au *Bulletin officiel* du gouvernement de l'Algérie, par P. de MÉNERVILLE, *Président à la Cour d'Alger.* 3 vol. in-8°... 35 fr. »

Le Code Algérien, Recueil annoté des lois, décrets, etc., formant la législation de l'Algérie de 1872 à 1878 (suite au *Dictionnaire de la législation Algérienne*), par H. HUGUES, *Conseiller à la Cour d'Alger,* et P. LAPRA, *Juge au tribunal civil d'Alger.* — In-8°, 1878.................. 12 fr. »

Le Code Musulman, par SIDI-KHALIL, Rite malékite. — Statut Réel (*texte arabe et nouvelle traduction*), par N. SEIGNETTE, interprète militaire, licencié en droit. — Très fort vol. in-8°.................. 25 fr. »

Bar-le-Duc. — Typographie L. PHILIPONA et Cie — 1186

www.ingramcontent.com/pod-product-compliance
Lightning Source LLC
LaVergne TN
LVHW020628110826
845149LV00004B/1098

* 9 7 8 2 0 1 1 3 1 2 8 0 8 *